El mercado de productos agrícolas

Medidas estándares

Dawson J. Hunt

Créditos

Dona Herweck Rice, *Gerente de redacción*; Lee Aucoin, *Directora creativa*; Don Tran, *Gerente de diseño y producción*; Sara Johnson, *Editora superior*; Evelyn Garcia, *Editora asociada*; Neri Garcia, *Composición*; Stephanie Reid, *Investigadora de fotos*; Rachelle Cracchiolo, M.A.Ed., *Editora comercial*

Créditos de las imágenes

Teacher Created Materials

5301 Oceanus Drive
Huntington Beach, CA 92649-1030
http://www.tcmpub.com

ISBN 978-1-4333-2750-6

©2011 Teacher Created Materials, Inc.

Tabla de contenido

La primavera

Llega la primavera en nuestra granja. En las granjas, cada **estación** es diferente. Sin embargo, todos los sábados son iguales.

Es el día en el que vamos al
mercado de productos agrícolas.
Todos ayudamos a vender nuestros
cultivos. Es el mejor día de la semana.

En la primavera vendemos los productos que cultivamos durante el invierno. Yo ayudo a preparar los cultivos cuando llego de la escuela.

Me gusta armar **atados** con los **brotes** de los espárragos. Ato 24 brotes en cada atado.

A las personas les gusta comprar nuestros guisantes frescos. Ofrecemos tirabeques y guisantes en vaina. Los compradores llenan sus bolsas con sus tipos de guisantes preferidos. Luego pesamos cada bolsa.

Si los compradores eligen los guisantes en vaina, tendrán trabajo que hacer. Deberán sacar los guisantes de las vainas.

1 libra de guisantes en vaina = 1 taza de guisantes desvainados

Una familia necesita 4 tazas de guisantes desvainados. ¿Cuántas libras de guisantes en vaina deberá comprar?

Mi mamá cultiva hierbas para vender. Las vendemos en pequeños ramos. La que más le gusta a mi papá es la albahaca. A mi hermana le gusta la menta.

Mi hierba favorita es el eneldo.
¿Adivina cuál es la que más le gusta a
mi gato? ¡La hierba gatera!

La menta se reproduce
fácilmente. Echa
partes nuevas debajo
de la tierra. Estas
partes se llaman
estolones. Los
estolones producen
nuevas plantas.

El verano

Ayudo más en la granja en el verano. Tenemos un campo grande donde cultivamos muchas fresas. Mi abuela prepara tarta de fresas para vender. Yo le agrego la crema batida.

A todos les encanta este bocado dulce. Siempre vendemos todas las tartas. ¡Me alegra saber que tenemos más en casa!

Exploremos las matemáticas

Las fresas suelen venderse en una cesta de una pinta. Esto se llama **medida para áridos**. Hay 2 pintas en un cuarto. ¿Cuántas pintas hay en 4 cuartos?

Los calabacines crecen muy rápido.
Nosotros los cosechamos cuando miden 8
pulgadas de largo. Una vez nos olvidamos
de uno. Llegó a medir 2 pies de longitud.
¡Pesaba 8 libras!

Los calabacines grandes se hacen duros. Pero todavía son buenos cuando se preparan en budín de calabacines.

A finales del verano tenemos un montón de maíz para vender. Vendemos 10 mazorcas a $1.00. Cuando se vende todo el maíz, puedo tomar un descanso.

La planta de maíz crece de una semilla. Para julio, puede medir 48 pulgadas de alto. Son casi 122 centímetros. ¡Es posible que mida el doble a finales del verano!

48 pulgadas 122 cm

Hoy toca un grupo de música.
Compro un jugo natural en un puesto y
me siento a escuchar.

El otoño

En el otoño recogemos las manzanas de nuestros árboles. Llenamos cestas que llevaremos al mercado de productos agrícolas. Yo corto las manzanas para que los compradores puedan probar una rodaja. Nuestras manzanas son crujientes y dulces.

La abuela también prepara pasteles de manzana. ¡Se venden enseguida!

Para medir, se usan distintos objetos. Vas hacer un pastel de manzanas. Mira los objetos de medida. Luego contesta las preguntas.

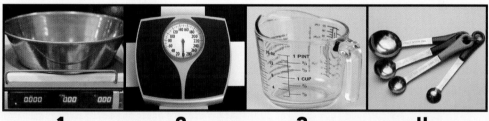

1.   2.   3.   4.

a. Necesitas comprar manzanas. ¿Qué objeto usarías para medirlas?

b. ¿Qué objeto usarías para medir las especias?

c. ¿Qué objeto usarías para medir el azúcar?

A los niños les encanta nuestro puesto en el otoño. Traemos muchas calabazas. Me gusta ordenarlas de distintas maneras.

La **altura** de un objeto te indica cuánto mide de alto.

La **circunferencia** es la medida del contorno de un objeto.

A veces las ordeno de la más baja a la más alta. También puedo hacerlo de la más delgada a la más gorda.

Exploremos las matemáticas

Las calabazas se venden por libra. ¿Cuánto pesa esta calabaza?

También vendemos **calabazas** y una variedad de maíz multicolor. La calabaza es una especie de zapallo. El maíz se seca. Las personas compran ambos productos para sus mesas.

Está haciendo frío. Los
compradores deben abrigarse cuando
van al mercado de productos agrícolas
en el otoño.

Exploremos las matemáticas

La temperatura baja
en el otoño. ¿Qué
temperatura indica el
termómetro?

El invierno

Aún tenemos productos para vender cuando llega el frío. La abuela preparó mermelada de fresas en junio. Papá llenó frascos con miel durante todo el verano. Mamá y yo preparamos dulce de manzana en el otoño.

Las abejas fabrican la miel para su propia comida. La necesitan cuando hace frío.

Servimos muestras de cada dulce sobre bollitos. Para el mediodía ya los vendimos todos.

A veces hay mal tiempo. El mercado de productos agrícolas está cerrado esos días. Aún estamos ocupados. Vamos al **vivero** para comprar plantas nuevas o herramientas.

¡A veces sólo nos quedamos en casa y disfrutamos de los frutos de nuestra **labor**! ¿Quieres adivinar cuál es mi comida preferida?

Venta de calabazas

Los niños de la familia Mark tienen 6 calabazas. Las venderán a la fábrica de conservas Zapallín. Esta fábrica compra las calabazas según su altura. La siguiente tabla muestra cuánto pagan por cada una.

calabazas bajas	$1
calabazas medianas	$2
calabazas altas	$3

Los niños de la familia Welch también tienen 6 calabazas. Las venderán a la fábrica de conservas Peter Peter. Esta fábrica compra las calabazas según su contorno. Eso es su circunferencia. La siguiente tabla se muestra cuánto pagan por cada una.

calabazas pequeñas	$1
calabazas medianas	$2
calabazas grandes	$3

¡Resuélvelo!

a. ¿Cuánto ganarán los niños de la familia Mark?

b. ¿Cuánto ganarán los niños de la familia Welch?

c. ¿De qué otra manera podrían medirse las calabazas?

Sigue estos pasos para resolver el problema.

Paso 1: Observa la altura de las calabazas. Clasifícalas en bajas, medianas y altas. Observa la tabla. Suma la cantidad de dinero que pueden ganar los niños de la familia Mark.

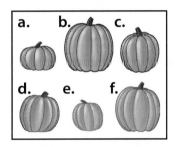

Paso 2: Observa el tamaño de la circunferencia de las calabazas. Clasifícalas en pequeñas, medianas y grandes. Observa la tabla. Suma la cantidad de dinero que pueden ganar los niños de la familia Welch.

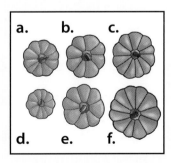

Glosario

altura—cuánto mide de alto un objeto

atados—grupos de objetos atados

brotes—crecimiento de una planta especialmente retoños

calabazas—frutos con cáscara dura de una planta trepadora

circunferencia—contorno de un objeto

estación—uno de los cuatro períodos de tiempo en que se divide el año

estolones—partes de una planta que crecen bajo la tierra y pueden producir nuevas plantas

labor—trabajo

medida para áridos—método para comparar cantidades de alimentos secos en el que se utilizan recipientes

vivero—lugar donde se venden plantas y árboles

Índice

Exploremos las matemáticas

Página 7:
24 brotes

Página 9:
4 libras

Página 13:
8 pintas

Página 19:
a. 1
b. 4
c. 3

Página 21:
5 libras

Página 23:
62 °F

Resuelve el problema

a. $12.00
b. $12.00
c. Las calabazas podrían medirse por peso.